ATTENDEZ-MOY

SOUS L'ORME,

COMEDIE.

A PARIS,
Chez THOMAS GUILLAIN, à
la descente du Pont-Neuf, prés les
Augustins, à l'Image S. Loüis.

M DC. XCIV.
Avec Privilege du Roy.

Extrait du Privilege du Roy.

PAR Grace & Privilege du Roy, donné à Paris
le 30. Janvier 1693. Signé, Par le Roy en son
Conseil, GAMART. Il est permis à THOMAS
GUILLAIN de faire imprimer, vendre & debiter les Oeuvres de Theatre du Sieur P* * pendant le temps de six années, à compter du jour
qu'elles seront imprimées pour la premiere fois,
pendant lequel temps tres-expresses inhibitions &
deffenses sont faites à toutes personnes de quelque
qualité & condition qu'elles soient, de faire imprimer, vendre ny debiter lesdites Pieces de Theatre d'autre Edition que de celle de l'Exposant, ou
de ceux qui auront droit de luy, à peine de trois
mille livres d'amende, de confiscation des Exem-
plaires contrefaits, & de tous dépens, dommages
& interests, & autres peines portées plus au
long par lesdites Lettres de Privilege.

*Registré sur le Livre de la Communauté des Li-
braires & Imprimeurs de Paris, le 4. Avril 1693.*

Signé P. *AUBOUYN, Syndic.*

Achevé d'imprimer pour la premiere fois, le
17. Juiillet 1694.

ACTEURS.

DORANTE, Officier reformé, revenant de sa Garnison, qui devient amoureux d'Agathe.

AGATHE, Fille d'un Fermier, amoureuse de Dorante.

PASQUIN, Valet de Dorante.

LISETTE, Amie d'Agathe.

COLIN, jeune Fermier, accordé avec Agathe.

Plusieurs Bergers & Bergeres qui estoient priez pour la Noce de Colin & d'Agathe.

La Scene est dans un Village de Poitou sous l'Orme.

ATTENDEZ-MOY
SOUS L'ORME.
COMEDIE.

SCENE PREMIERE.

DORANTE, PASQUIN.

PASQUIN.

POUR m'expliquer en termes plus clairs, j'ay avancé la dépense du voyage depuis noſtre Garniſon juſqu'à ce Village-cy, nous y avons déja ſejourné quinze jours ſur mes crochets, je vous prie que nous contions enſemble, & je vous demande mon congé.

A

DORANTE.

O paſſanbleu tu prens bien ton temps.

PASQUIN.

Hé puis-je le mieux prendre, Monſieur,
vous venez d'eſtre reformé, il faut bien
que vous reformiez voſtre train.

DORANTE.

Paſquin quitter le ſervice d'un Officier,
c'eſt ſe broüiller avec la fortune.

PASQUIN.

Ma foy, Monſieur, je me ſuis broüillé
avec elle dés le jour que je ſuis entré chez
vous, mais Dieu mercy je ſuis au deſſus de
la fortune. Je veux me retirer du monde,

DORANTE.

Le fat, ô le fat!

PASQUIN.

Ouy, Monſieur, j'ay fait depuis peu des
reflexions morales ſur la vanité des plai-
ſirs mondains: Je ſuis las d'eſtre bien bat-
tu & mal nourry, je ſuis las de paſſer la
nuit à la porte d'un Lanſquenet, & le
jour à vous détourner des Griſettes. Je
ſuis las enfin d'avoir de la condeſcendan-
ce pour vos débauches, & de m'enyvrer
au buffet pendant que vous vous enyvrez
à table. Il faut faire une fin, Monſieur,

& je vay me rendre. Je vay me rendre
mary d'une certaine Lifette, qui eft le bel
efprit de ce Village cy. Les plus jolies
filles de Poitou la confultent comme un
oracle, parce qu'elle a fait fes études fous
une coquette de Paris, c'eft là où elle eft
devenuë amoureufe de moy.

DORANTE.

Hé je n'ay point encore trouvé en mon
chemin cette Lifette fi aimable, j'en fçais
mauvais gré à mon étoile.

PASQUIN.

Ce n'eft pas voftre étoile, Monfieur,
c'eft moy qui ay pris foin de vous cacher
Lifette, je l'ay trouvée trop jolie pour
vous la faire connoiftre ; mais cette di-
greffion vous fait oublier qu'il s'agit entre vous & moy d'une petite regle d'Arit-
metique ; Il y a huit ans que je vous fers à
vingt-cinq écus de gages. Somme totale
fix cens livres, furquoy j'ay receu quel-
ques coups de canne, coups de pied au
cul ; partant refte toujours fix cens livres
que je vous prie de me donner prefen-
tement.

DORANTE.

Quoy j'ay eu la patience de garder huit
ans un coquin comme toy.

PASQUIN.

Tout autant, Monsieur.

DORANTE.

Un maraut.

PASQUIN.

Ouy, Monsieur.

DORANTE.

Huit ans un Valet à pendre.

PASQUIN.

Ah.

DORANTE.

A noyer, à écraser.

PASQUIN.

Il y a du malheur à mon affaire ; vous avez esté jusqu'à present tres-content de mon service, & vous cessez de l'estre dans le moment que je vous demande mes gages.

DORANTE *se radoucissant.*

Pasquin, ce n'est pas d'aujourd'huy que je suis la dupe de ma bonté. Va, mon cher, je veux bien encore ne te point chasser de chez moy.

PASQUIN.

Vrayment, Monsieur, ce n'est pas vous qui me chassez, c'est moy qui vous demande mon congé, & les six cens livres.

DORANTE.

Non, mon cœur, tu ne me quitteras

point. Tu ne sçais ce qu'il te faut. La vie champestre ne convient point à un intrigant, un fourbe.

PASQUIN.

Je sçay bien que j'ay tous les talens pour faire fortune à la Ville ; mais je borne mon ambition à Lisette, à qui j'aporte en mariage les six cens livres, dont je vay vous donner quittance.

Pasquin tire de sa poche du papier.

DORANTE *luy arrestant la main.*

Peste soit du faquin ; tu n'as que tes affaires en teste. Parlons un peu des miennes. J'épouse demain la petite Fermiere Agathe. J'ay si bien fait par mon manege, que le pere est à present aussi amoureux de moy que sa fille. Elle a dix mille écus Pasquin.

PASQUIN.

Vous n'avez que vos affaires en teste, reparlons un peu des miennes.

DORANTE.

Agathe m'attend chez elle à quatre heures, & avant que d'y aller j'ay à regler certaines choses avec le Notaire.

PASQUIN.

Monsieur il n'y a que deux mots à mon affaire.

A iij

DORANTE.

Le Notaire m'attend Pasquin.

PASQUIN.

Mon congé & mes gages.

DORANTE.

Oh puisque tu veux absolument que nous finissions d'affaire ensemble...

PASQUIN.

Si ce n'estoit pas pour une occasion aussi pressante.

DORANTE.

Il faut faire un effort.

PASQUIN.

Je ne vous importunerois pas.

DORANTE.

Quelque peine que cela me fasse.

PASQUIN.

Voicy la quittance.

DORANTE *prend la quittance.*

Va, je te donne ton congé.

PASQUIN.

Et mes gages Monsieur.

DORANTE.

Tu m'atendris Pasquin, je ne veux pas te voir davantage.

SCENE II.

PASQUIN *seul.*

LE fcelerat ! je n'ay plus rien à ména-
ger avec cet homme-là. Lifette me
follicite de rompre fon mariage avec Agate : Allons voir ce qui en fera.

SCENE III.

PASQUIN, LISETTE

PASQUIN.

HA te voila.
LISETTE.
Il y a une heure que je te cherche. Es-
tu d'accord avec ton Maiftre ?
PASQUIN.
Peu s'en faut. Il ne s'agiffoit entre luy
& moy que de deux articles. Je luy de-
mandois mon congé & mes gages, il a
partagé le different par moitié , il m'a

donné mon congé, & me retient mes gages.

LISETTE.

Et tu gardes des mesures avec cet homme là? Te feras-tu encore tirer l'oreille
pour m'aider à rompre son mariage en fa-
veur de mon pauvre frere Colin, a qui
Agathe estoit promise. Il ne tient qu'à toy
de rendre la joye à tout le Village. Ce
n'estoit que festes, danses & chansons
preparées pour les nopces de Colin &
d'Agathe, & depuis que ton Officier reformé est venu nous enlever le cœur de
cette jolie Fermiere, toute nostre galan-
terie Poitevine est en deüil.

PASQUIN.

Je ne manque pas de bonne volonté,
mais je considere....

LISETTE.

Et moy je ne considere plus rien, je suis
bien sotte de prier quand j'ay droit de
commander. Colin est mon frere, & s'il
n'épouse point Agate par ton moyen, Lisette n'épousera point Pasquin.

PASQUIN.

Ouais, tu me mets bien librement le
marché à la main.

LISETTE.

C'est que je ne suis pas comme la pluspart de celles qui font de pareils marchez, je ne t'ay point donné d'aires, & je rompray fi....

PASQUIN.

Doucement. C'a que faut-il donc faire pour ce petit frere Colin ? As-tu pris des mefures avec luy ?

LISETTE.

Des mefures avec Colin, bon. C'eft un jeune amant à la franquette, qui n'eft capable que de fe tremouffer à contre-temps. Il va, il vient, il pietine, il pefte contre fon infidelle, & toujours quelque raifonnement d'enfant qu'il veut qu'on écoute; enfin c'eft un petit obftiné que j'ay efté contrainte d'enfermer, afin qu'il me laiffaft en paix travailler à fes affaires. Je croy que le voila encore.

SCENE IV.

COLIN, LISETTE, PASQUIN.

LISETTE.

Quoy petit lutin, tu feras toujours fur mes talons.

COLIN.

J'ay fauté par la feneſtre de la ſalle où tu m'avois enfermé, pour te venir dire que tout le tripotage de veuve que tu veux faire pour attraper ce Dorante, par cy par là, tantia que tout ç'a ne vaut rien.

LISETTE.

Mort de ma vie ſi tu ..

PASQUIN.

Laiſſe opiner Colin, il me paroiſt homme de teſte.

COLIN.

Aſſurément. J'ay trouvé un ſecret pour qu'Agathe me r'aime, & j'ay commencé à imaginer...

LISETTE.

Et va-t'en achever d'imaginer, laiſſe-moy executer.

COLIN.

O y faut que ce ſoit moy qui...

LISETTE.

O ce ne ſera pas toy qui...

COLIN.

Je te dis que...

LISETTE.

Je te dis que tu te taiſe.

COLIN.

O c'eſt moy qui ſuis l'amoureux une

fois, je veux parler tout mon foû.

LISETTE.

O le petit mutin d'amoureux.

COLIN.

Tenez fi Pafquin me dit que je n'ay pas pu d'efprit que toy pour ce qui eft d'A-gathe, je veux bien m'en retourner dans la falle.

LISETTE.

Ecoutons à cette condition.

COLIN.

C'eft que j'ay eune rufe pour faire ve-nir Agathe dans eun endroit où je vous cacheray tous deux.

PASQUIN

Fort bien.

COLIN.

Et pi quand a fera là, je luy diray ça, gna perfonne qui nous écoute, n'efti pas vray Agathe qu'ou m'avez dit cent fois qu'ou m'aimiez, a dira, ouy Colin ; car ça eft vray. n'efti pas vray, fi rediray-je, que quand vous me dites ça, je dis moy que les paroles eftoient belle & bonne, mais que ça ne tien guere, à moins qui n'y ait quelque chofe la qui fignifie qu'ou n'o-feriez pu prendre d'autre mary que moy. Agathe dira, ouy Colin N'eft-il pas vray ce l'y feray-je, encore qu'un certain jour

que l'épingle de voftre colet eftoit défai-
te, je le foulevis tout doucement, tout
doucement.

LISETTE.

O va donc plus vifte, j'aime l'expedi-
tion.

PASQUIN.

Ce recit promet beaucoup au moins,
& nous ferons cachez pour entendre tout
cela.

COLIN.

Affurément. Je ne barguigneray point
à luy faire tout dire ; car fi a m'époufe,
l'époufaille couvre tout, & finon, je fuis
bien aife qu'on fçache que la recolte ap-
partient à fti qui a défriché la terre. O
donc je diray à Agathe, n'efti pas vray
quand j'eu entr'ouvar voftre colet, que je
pris deffous un papier dans voftre fein, &
que fur ce papier vous m'aviez fagoté en
la d'amour voftre nom parmy le mien,
pour montrer ce que je devion eftre l'un
à l'autre.

PASQUIN.

Et a dira, ouy Colin.

COLIN.

O a dira peut-eftre que c'eft qu'a dor-
moit ; mais je fçay bain qu'à ne faifoit
que femblant, car à fe réveilly tout jufte
quand

LISETTE.

Hé bien enfin quand elle aura tout dit ?

COLIN.

Vous fortirez tous deux de voftre cache, & vous luy direz Agathe, faut qu'ou vous mariez rien qu'avec Colin tout feul, ou nous allons dire par tout qu'ous aymez deux hommes à la fois, o a ne voudra pas.

LISETTE.

O que fi a voudra. Les femmes en font gloire.

COLIN.

Faire gloire d'aymer un autre que fti avec qui on fe marie ; non gnia point de femme comme ça dans tou le monde.

PASQUIN.

Colin n'a pas voyagé, ça je juge que Mr Colin imagine mieux que nous, mais nous executerons mieux que Colin. Partant condamné à retourner dans la falle jufqu'à ce que nous ayons befoin de luy.

COLIN.

O ne vla-t'il pas qu'il dit comme Lifette, à caufe que... hé la la.

LISETTE.

O va donc, ou je ne me mefle plus de tes affaires.

B

J'y vas, mais j'enrage.

LISETTE le pouſſant.

Hé va donc.

❧❧❧❧❧❧❧❧❧❧❧❧❧❧❧❧❧❧❧

SCENE V.

LISETTE, PASQUIN.

LISETTE.

OH nous voila délivrez de luy. C'a il s'agit de guerir Agathe de l'enteſtement où elle eſt pour ton Maître.

PASQUIN.

Hon, quand l'amour s'eſt une fois emparé d'un cœur auſſi ſimple que celuy d'Agate, il eſt difficile de l'en chaſſer, il ſe trouve mieux logé là que chez une coquette.

LISETTE.

J'avouë que les grands airs de ton Maître ont ſaiſi la ſuperficie de ſon imagination ; mais le fond du cœur eſt encore pour Colin : Finiſſons. Il faut empeſcher Agathe de ſortir de chez elle, afin qu'elle ne vienne point rompre ces meſu res que nous avons prises. Comment nous y prendrons-nous.

PASQUIN.

Hom. Attendez, nous luy avons fait venir des habits de Paris, si j'alois luy dire que mon Maistre veut qu'elle les met-te, la coëffure seule suffit pour amuser une femme toute la journée.

LISETTE.

La voicy qui vient, songe à la renvoyer chez elle.

SCENE VI.

AGATHE, PASQUIN, LISETTE.

AGATHE.

OU est donc ton Maistre, Pasquin, il y a deux heures que je l'attens chez moy.

PASQUIN.

Vous vous trompez, Madame, mon Maistre est trop amoureux pour vous faire attendre.

LISETTE.

Je vous avois bien dit que ses empresfemens ne dureroient pas.

AGATHE.

O c'eſt tout le contraire, Liſette, Dorante doit eſtre aujourd'huy amoureux
de moy à la fo'ie ; car il m'a promis que
ſon amour augmenteroit tous les jours,
& il m'aimoit déja bien hier.

LISETTE.

En une nuit il arrive de grandes revolu-
tions dans le cœur d'un François.

PASQUIN.

Ouy ſur la fin de ce ſiecle cy les amans
& les ſaiſons ſe font bien déreglez ; le
chaud & le froid ny dominent plus que
par caprice.

LISETTE.

O en Poitou nous avons une regle
certaine , c'eſt que le jour des nopces le
termometre de la tendreſſe eſt à ſon plus
haut degré , mais le lendemain il deſcend
bien bas.

AGATHE.

Vous voulez me perſuader tous deux
que Dorante ſera inconſtant ; mais il fau-
droit que je fuſſe folle pour craindre qu'il
change. Quoy quand Colin me diſoit tout
ſimplemeut qu'il me ſeroit fidelle , je le
croyois , & je ne croirois pas Dorante qui
eſt Gentilhomme , & qui fait des ſermens

horribles qu'il m'aymera toujours.

PASQUIN.

En amour les sermens d'un courtisan ne prouvent rien, c'est le langage du pays.

LISETTE.

Si vous vouliez m'écouter une fois en voftre vie, je vous ferois voir que Do-rante...

AGATHE.

Parlons d'autre chose, Lisette.

PASQUIN.

Elle a raison : parlons des beaux habits que mon Maiftre vous a fait venir.

AGATHE.

Ah, Frontin, j'en suis charmée.

PASQUIN.

A propos, mon Maiftre vouloit vous voir aujourd'huy parée.

AGATHE.

Je voudrois bien l'eftre auffi, mais je ne fçay pas lequel je dois mettre des deux habits. Dis-moy, Pasquin, lequel aimera-t'il mieux de *deux noms d'habits à la mode,* l'innocente ou de la gourgandine.

PASQUIN.

La gourgandine a toujours efté du gouft de mon Maiftre.

B iij

AGATHE.

Il faut que les femmes de Paris ayent bien de l'esprit pour inventer de si jolis noms.

PASQUIN.

Malepeste leur imagination travaille beaucoup. Elles n'inventent point de modes qui ne servent à cacher quelque défaut. Falbala par haut pour celles qui n'ont point de hanches, celles qui en ont trop le portent plus bas. Le col long, & les gorges creuses, ont donné lieu à la squinquerque ; & ainsi du reste.

AGATHE.

Ce qui m'embarasse le plus, c'est la coëffure. Je ne pourray jamais venir à bout d'arranger tant de machines sur ma teste, il n'y a pas de place pour en mettre seulement la moitié.

PASQUIN.

Oh quand il s'agit de placer des fadasses, la teste d'une femme a plus d'étenduë qu'on ne pense. Mais vous me faites souvenir que j'ay icy le livre instructif que la Coëffeuse a envoyé de Paris, il s'intitule, *Les elemens de la Toillette, ou le Sisteme harmonique de la coëffure d'une femme.*

AGATHE.

Ah que ce livre doit estre joiy.

LISETTE.

Et ſçavant.

PASQUIN *tirant un livre de*
ſa poche.

Voicy le ſecond tome. Pour le premier,
il ne contient qu'une Table alphabetique
des principales pieces qui entrent dans la
compoſition d'une commode : Comme

La Ducheſſe, le ſolitaire,
La fontange, le chou,
Le teſte à teſte, la culbute,
Le Mouſquetaire, le Croiſſant,
Le firmament, le dixiéme ciel,
La paliſſade, & la ſouris.

AGATHE.

Ah, Frontin, cherche-moy l'endroit où
le livre dit que ſe met la ſoury. J'ay un
nœud de ruban qui s'apelle comme cela.

PASQUIN.

C'eſt icy quelque part : Attendez. Coëffure pour racourcir le viſage, ce n'eſt pas
cela. Petits tours blonds à boucles frin-
gantes pour les fronts étroits, & les nez
longs. Je n'y ſuis pas. Suplemens inge-
nieux qui donnent du relief aux joüës pla-
tes. Ouais. Cornettes fuyantes pour faire
ſortir les yeux en avant. Ha voicy ce que
vous demaniez. La ſoury eſt un petit
nœud de nompareille qui ſe place dans le

bois ; nota qu'on appel'e petit bois un pa-
quet de cheveux heriffez, qui garniffent le
pied de la futaye bouclée, mais vous lirez
cela à loifir. Allez vifte arranger voftre
toillette, je vous envoiray mon Maiftre
fi-toft qu'il aura finy une petite affaire.

AGATHE.

Qu'il ne me faffe pas attendre au moins.
Adieu Lifette.

LISETTE.

Adieu Agathe. On vient à bout de tout
en ce monde, quand on fçait prendre cha-
cun par fon foible. Les hommes par les
femmes, les femmes par les habits ; ça il
faut à prefent nous affurer de ton Maiftre.

PASQUIN.

Il eft chez le Notaire, il faut qu'il re-
paffe par icy pour aller chez Agathe, &
je l'arrefteray pendant que tu iras te dé-
guifer en veuve.

LISETTE.

Recapitulons un peu ce déguifement. Tu
es bien feur que ton Maiftre n'a jamais
veu la veuve.

PASQUIN.

Affurément. Sur la reputation qu'elle a
dans Poitiers d'eftre fort riche, mon fan-
faron s'eft vanté qu'elle eftoit amoureufe
de luy : pour fe vanger elle a pris plaifir à

se trouver masquée à deux ou trois assemblées où il estoit, de faire la passionnée ; en un mot de se moquer de luy , trouvant toujours des excuses pour ne se point demasquer. C'est une gaillarde qui fait mille plaisanteries de cette nature pour égayer son veuvage.

LISETTE.

Puisque cela est ainsi , je contreferay la veuve comme si je l'estois.

PASQUIN.

Tant pis. Car on ne sçauroit bien contrefaire la veuve , qu'on n'ait contrefait la femme mariée. L'habit est-il prest ?

LISETTE.

Ouy.

PASQUIN.

Voila mon Maistre qui vient.

LISETTE.

Amuse-le pendant que je me déguiseray, & aprés tu iras avertir Agathe qu'elle vienne nous surprendre , tu la feras écouter nostre conversation, laisse-moy faire.

PASQUIN *seul*.

Comment luy tourneray-je la chose. Mais il ne faut pas tant de façon avec mon Maistre, un homme qui se croit aimé de toutes les femmes en est aisément la dupe.

SCENE VIII.

DORANTE, PASQUIN.

PASQUIN.

Monsieur, Monsieur.

DORANTE.

Ne m'arreste point, Agathe m'attend.

PASQUIN.

Ce n'est plus de mes affaires que je veux vous parler à present.

DORANTE.

Je meurs d'impatience de la voir; l'amour Pasquin, l'amour: Ah quand on a le cœur pris.

PASQUIN.

Fait comme vous estes, Monsieur, je n'eusse jamais deviné que l'amour vous feroit perdre vostre fortune.

DORANTE.

Que veux-tu dire par là.

PASQUIN.

Que vostre amour pour Agathe vous fait manquer cette veuve de cinquante mille écus.

DORANTE.

Hé ne t'ay-je pas dit que la sotte est devenuë invisible à Poitiers ?

PASQUIN.

Aparament elle vouloit éprouver vostre
constance , l'heureux moment est venu.
Elle est icy Monsieur.

DORANTE.

Est-il possible.

PASQUIN.

Il n'y a rien de plus vray , & depuis que
vous m'avez quitté.,. Mais n'en parlons
plus , vous avez le cœur pris pour Agathe.

DORANTE.

Acheve Pasquin , acheve.

PASQUIN.

Amoureux comme vous estes , vous ne
voudriez pas rompre un mariage d'incli-
nation pour vingt mille écus , plus ou
moins.

DORANTE.

Il faudra se faire violence. Avec vingt
mille écus on achete un Regiment , on
est utile au Prince , tu sçais qu'un Gentilhomme doit se sacrifier pour les besoins
de l'Etat.

PASQUIN,

Entre nous l'Etat n'a pas grand besoin

de vous , puiſqu'il vous a remercié de vos ſervices à la teſte de voſtre Compagnie.

DORANTE.

Parlons de la veuve Paſquin.

PASQUIN.

La veuve eſt venue ce matin de Poitiers pour vos beaux yeux , & depuis que vous m'avez quitté, on vient de m'offrir de ſa part cent piſtoles , ſi je puis livrer voſtre cœur.

DORANTE.

Je ſeray ravy de te faire gagner cent piſtoles. J'aime à m'acquiter Paſquin.

PASQUIN.

En rabatant ſur les gages.

DORANTE.

C'a que faut-il faire mon cher cœur.

PASQUIN.

On eſt convenu avec moy que le hazard ameneroit la veuve ſous cet Orme dans un quart-d'heure.

DORANTE.

Bon.

PASQUIN.

J'ay promis que le meſme hazard vous y conduiroit auſſi.

DORANTE.

Fort bien.

PASQUIN.

PASQUIN.

Il faut que vous vous promeniez ſans faire ſemblant de rien. Elle va venir ſans faire ſemblant de rien. Pour lors vous l'aborderez vous , en faiſant ſemblant de rien , elle vous écoutera en faiſant ſemblant de rien. Voila comme ſe font les mariages des Thuilleries.

DORANTE.

Parbleu tu es un homme adorable.

PASQUIN.

C'a preparez-vous à aborder la veuve en petit Maiſtre , cachez-vous un œil avec voſtre chapeau , la main dans la ceinture, le coude en avant , le corps d'un coſté , & la teſte de l'autre ; ſur tout gardez-vous bien de vous promener ſur une ligne droite , cela eſt trop bourgeois.

DORANTE.

Ce maraut là en ſçait preſque autant que moy.

PASQUIN.

Voicy l'occaſion , Monſieur, de faire profiter les talens que vous avez pour le grand art de la minauderie. Ah ſi vous pouviez vous ſouvenir de cette mine que vous fiſtes l'autre jour à la Comedie : là, une certaine mine qui perdit de reputa-

C

tion cette femme à qui vous n'aviez jamais parlé.

DORANTE.

Que tu es badin?

PASQUIN.

Voicy la veuve, Monsieur, faites semblant de rien. Hem, semblant de rien.

SCENE IX.

DORANTE, PASQUIN, LISETTE *en veuve.*

PASQUIN *faisant signe à Lisette.*

N'Y a-t'il rien de nouveau en Cata-
logne? que dit-on de l'Allemagne?
vous avez receu des lettres de Flandre. La
promenade est bien deserte aujourd'huy.
De quel costé vient le vent: Mon Dieu la
belle journée.

DORANTE.

Frontin la veuve soupire.

FRONTIN.

A paremment c'est pour le deffunt.

DORANTE.

Il faut un peu la laisser ronger son frein.

Elle est sensible aux bons airs. Je me sers
de mes avantages.

PASQUIN.

Vous avez raison, vostre geste est tout
plein de merite, & vous avez encore plus
d'esprit de loin que de prés. Si elle vous
entendoit chanter, elle seroit charmée
Monsieur, ne sçavez-vous point par cœur
quelque Impromptu de l'Opera nouveau.

DORANTE.

Je vay chanter pour me desennuyer un
petit air que je fis à Poitiers pour cette
charmante veuve. Hem.

DORANTE *chante.*

Palsembleu l'Amour est un fat, l'Amour
          est un Fat.
Sans égard pour ma naissance,
Il me fait soupirer, gemir, sentir l'absence
Comme un Amant du tiers Estat :
Palsembleu l'Amour, &c.

Il n'est point de belle en France
Que je n'aye soûmise à ce petit ingrat,
Et pour toute récompense
Il m'enchaîne comme un forçat.
Palsembleu l'Amour, &c.

PASQUIN *a parlé, aprés que Dorante a chanté.*

Vous eſtes l'Amour, Monſieur.

DORANTE, *il aborde la veuve.*

C'eſt aſſez la faire languïr. Ciel ! quelle avanture Paſquin ! Je croy que voila mon aimable inviſible dont je te parlois.

PASQUIN.

C'eſt elle-meſme.

DORANTE.

Par quel bon-heur, Madame, vous trouve-t'on dans ce Village ?

LISETTE.

J'y venois chercher la ſolitude, & pleurer en liberté.

PASQUIN.

Retirons-nous donc, Monſieur ; Il eſt dangereux d'interrompre les larmes d'une veuve. La veuë d'un joly homme fait rentrer la douleur en dedans.

DORANTE.

Je vous l'ay dit cent fois, charmante ſpirituelle, je ſuis le Cavalier de France le plus ſpecifique pour la conſolation des Dames.

LISETTE.

Un Cavalier fait comme vous ne ſçauroit en conſoler une, qu'il n'en afflige mille autres.

DORANTE.

Perisse de jalousie toutes les femmes du
monde, pourveu que vous vouliez bien...

LISETTE.

Ah ! n'achevez pas, Monsieur, je crains
que vous ne me faisiez des propositions
que je ne pourrois entendre sans horreur;
car enfin il n'y a encore que huit ans que
mon mary est mort.

PASQUIN.

Ah, Monsieur, vous allez r'ouvrir une
playe qui n'est pas encore bien refermée.

DORANTE.

Ah, Frontin, je sens que mon feu se
r'allume.

LISETTE.

Helas le pauvre deffunt m'aimoit tant !

PASQUIN

Elle parle du deffunt, vos affaires vont
bien.

LISETTE.

Il m'a fait promettre en mourant que
En baissant la voix.
je ne me remarierois point.

PASQUIN.

Profitez du moment, Monsieur, elle est
femme, & puisque sa parole baisse, il faut
qu'elle soit bien foible.

C iij

LISETTE *begayant.*

Je tiendray... ma promesse... ou bien...

PASQUIN.

Elle begaye, il est temps que je me retire.

SCENE X.

DORANTE, LISETTE.

DORANTE.

VA-t'en. Nous sommes seuls, Madame, accordez-moy donc enfin ce que vous m'avez tant de fois refusé à Poitiers, levez ce voile cruel...

LISETTE.

Monsieur, l'affliction m'a si fort changée....

DORANTE.

Hé je vous conjure...

LISETTE *d'un ton de precieuse.*

Je ne dors point, la fatigue du carosse, la chaleur, la poussiere, le grand jour, vous me trouverez laide à faire peur.

DORANTE.

Je vous trouveray charmante.

LISETTE.

Vous le voulez.

DORANTE.

Que vois-je?

LISETTE.

Puisqu'il faut vous l'avoüer, dés la se-
conde fois que je vous vis , je formay le
dessein de faire vostre fortune , mais je
voulois vous éprouver. Ah cruel falloit-il
si-tost vous rebuter.

DORANTE.

Hé vous avois-je veu , Madame.

SCENE XI.

DORANTE , LISETTE, PASQUIN,
AGATHE , *Pasquin amene Agathe*
pour écouter.

AGATHE *à part.*

C'Est donc pour cela qu'il me faisoit
tant attendre.

PASQUIN *à part.*

Ecoutez.

DORANTE.

Je l'avouë franchement , à vostre refus

j'avois baiſſé les yeux ſur une petite Fermiere, parce que je trouvois une ſomme
d'argent pour netoyer de gros biens que
j'ay en direction, mais d'honneur en honneur je ne l'ay jamais regardée que comme un enfant, une poupée avec quoy on
ſe joüe, & depuis les charmantes conver-
ſations de Poitiers , vous n'avez point
deſemparé mon cœur.

AGATHE à part.

Le traître.

LISETTE.

Aparemment que je vous crois, puiſque
je veux bien vous donner ma main ; mais
avant toute choſe , il faut que vous deſiez
à Agathe, en ma preſence , que vous ne
l'avez jamais aimée.

DORANTE.

En voſtre preſence.

LISETTE.

Quoy vous heſitez ?

DORANTE.

Nullement. Mais enfin dire en face à
une femme que je ne l'aime point , c'eſt
l'aſſaſſiner, le coup eſt mortel, Madame, &
je dois avoir des ménagemens pour une
pauvre petite creature qui...

LISETTE.

Qui?

DORANTE.

Qui, puisqu'il faut vous faire la confidence, qui a eu pour moy certaines foiblesses. Je suis galant homme.

AGATHE *à part.*

Comme il ment !

DORANTE.

Mais, Madame, je quitte tout pour vous suivre. Je me laisse enlever, je vous épouse, faut-il d'autres marques de mon amour.

LISETTE.

Au moins je vous ordonne d'aller tout presentement rompre l'engagement que vous avez avec le pere.

DORANTE.

Oh pour cela volontiers.

LISETTE.

Allez promptement, & revenez dans une demy heure m'attendre sous cet Orme.

DORANTE.

Je vay vous satisfaire.

LISETTE.

Sous l'Orme au moins.

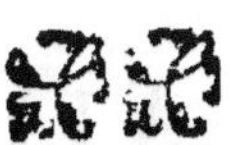

SCENE XII.

AGATHE, LISETTE.

AGATHE *n'ofant aborder la veuve.*

IL faut que je fçache d'elle ; mais me feray-je connoiftre aprés ce qu'on luy vient de dire de moy.

LISETTE.

Mon Dieu la jolie mignonne ! qu'elle eft aimable ! me voulez-vous parler ?

AGATHE *n'ofant l'aborder.*

Non.

LISETTE.

Mais je crois vous avoir veu quelque part, n'eftes-vous pas la belle Agathe.

AGATHE *n'ofant l'aborder.*

Je ne fçay pas...

LISETTE.

Ne craignez rien, ma bouchonne, vous m'aviez enlevé mon Amant, mais je fuis déja vangée, puifqu'il vous a facrifiée à moy.

AGATHE.

Le traitre.

LISETTE.

Vous estes bien fâchée, n'est-ce pas, de perdre un si joly petit homme.

AGATHE.

Je ne suis fâchée que de ce qu'il vous vient de dire des faussetez de moy; il dit que j'ay eu des foiblesses pour luy ! ah ne le croyez pas au moins, Madame, c'est un méchant qui en dira tout autant de vous.

LISETTE *rit.*

Haha.

AGATHE.

Vous riez, est-ce que vous me soupçonnez de ce que ce menteur là vous a dit.

LISETTE.

Dorante ne sçauroit mentir, il est Gentilhomme.

AGATHE.

Que je suis malheureuse ! Quoy vous croyez.

LISETTE *se dévoilant.*

Ouy je croy.

AGATHE.

C'est Lisette !

LISETTE.

Je croy, comme je l'ay toujours crû, que vous estes fort sage, & que Dorante est le plus grand scelerat. Mais je suis contente, vous avez tout entendu. Ce n'eſt pas ſa faute, comme vous voyez, ſi je ne ſuis qu'une fauſſe veuve. Hé bien que vous dit le cœur preſentement?

AGATHE.

Helas j'ay trahy Colin. Colin m'aime-t'il encore?

LISETTE.

Il fera tout comme s'il vous aimoit, & ſi-toſt que vous luy aurez dit un mot, il ne ſongera plus qu'à ſe vanger de Dorante.

AGATHE.

Ah qu'il ne s'y jouë pas. Dorante m'a dit qu'il eſtoit bien méchant.

LISETTE.

Il s'agit d'une vangeance qui ſervira de divertiſſement à toute noſtre petite ſocieté galante. Il ſera berné qu'il ne manquera rien.

SCENE

SCENE XIII.

COLIN, LISETTE, AGATHE.

COLIN sans apercevoir Agathe.

PAsquin me vient de dire que tout alloit bien, pourveu que je patientisse ; mais quand je devrois tout gaster, je ne serois plus me tenir en place. Je sis trop amou-reux.

AGATHE fâchée d'avoir trahy Colin.
Ah Colin, Colin.

COLIN apercevant Agathe.

Ce n'est pas de vous au moins que je dis que je suis amoureux : Il feroit bau var que j'aimisse encore eune... ingrate.

AGATHE.
Il est vray.

COLIN.
Une... infidelle.

AGATHE.
Ouy Colin.

COLIN.
Eune changeuse.

D

AGATHE.

Helas je n'aime pas trop à changer,
mais c'eſt que cela me vint malgré moy
tout d'un coup, parce que je n'avois jamais veu d'homme fait comme Dorante.

COLIN.

Ouy vous eſtes une traitreſſe.

AGATHE.

Oh pour traitreſſe non, ne vous avois-
je pas averty que je voulois aimer Dorante.

COLIN *étoufant de colere.*

Eune... aouf, gnia pu moyen de reteni
mon naturel. Baille-moy ta main.

AGATHE.

Ah Colin que je ſuis fâchée...

COLIN.

Ah que je ſis aiſe moy.

LISETTE.

Vous allez uſer toute voſtre tendreſſe,
gardez-en un peu pour quand vous ſerez
mariez, vous en aurez beſoin. C'a Dorante va venir m'atendre ſous l'Orme,
nous avons reſolu de nous moquer de luy,
Pierrot, Nanette & Licas nous doivent
aider, ils ſont là tous preſts, les voicy ;
Qui vous a donc avertis qu'il eſtoit temps.

SCENE XIV.

LISETTE, COLIN, AGATHE,
NANETTE, LICAS, PIERROT.

NANETTE.

NOus avons veu de loin qu'elle se
laissoit baiser la main par Colin,
nous avons jugé...

COLIN.

C'est signe qual a retrouvé l'esprit qual
avoit pardu.

AGATHE.

Que je suis honteuse Nanette d'avoir
esté trompée par un homme.

NANETTE.

Helas, a qui est-ce de nous autres que
cela n'arrive point? mais nous allons faire
voir à ce petit coquet de Dorante, qu'il
ne sçait pas son métier, puisqu'il donne
le temps à une fille de faire des reflections.

LISETTE.

Tous vos petits roles de raillerie sont-
ils prests.

D ij

NANETTE.

Bon, noſtre Licas & noſtre Pierrot fe-
roient un Opera en deux heures.

LISETTE.

Ouy je vay vous donner voſtre rôle.

NANETTE.

Voicy Dorantc, retirez-vous , c'eſt à
moy à commencer.

*Ils ſe retirent, Dorante vient au rendez-vous que
la veuve luy a donné.*

SCENE XV.

DORANTE, NANETTE, LICAS, &c,

DORANTE.

Voicy à peu prés l'heure du rendez-
vou ; J'ay bien fait de ne point voir
ny le pere ny la fille, ſi la veuve m'alloit
manquer , je ſerois bien aiſe de retrou-
ver Agathe. J'entens des Villageois qui
chantent, laiſſons-les paſſer.

NICAISE *finiſſant une Chanſon*
                    à une Païſane qui le fuit.

NANETTE.

Mon pauvre Nicaiſe tu perd ton temps

& ta Chanson. Il est vray que je t'ay aimé,
mais c'est justement pour cela que je ne
t'aime plus. Ce sont là nos regles.

NICAISE chante.

Lors que tu me promis sous cet Orme fatal,
Que je triompherois bien-tost de mon Rival,
Tu m'en voulus donner une preuve certaine.

Ah que n'en ay-je profité,
Je ne serois plus à la peine
De te reprocher ton infidelité.

NANETTE.

Il est vray que ma franchise
Fut surprise
Par tes discours trompeurs, & par ton
air charmant ;
Mais j'ay passé l'écueil du dangereux
moment.

J'ay pensé faire la sottise,
Tu ne m'as pas prise au mot,
Tu seras le sot, tu seras le sot, tu seras le sot.

DORANTE.

Ces Poitevines sont galantes naturelle-
ment ; mais la veuve tarde beaucoup.

SCENE XVI.

DORANTE, PASQUIN.

PASQUIN.

AH, Monſieur, nous joüons de malheur.

DORANTE.

Qu'y a-t'il donc?

PASQUIN.

La veuve eſt partie , Monſieur, une de
ſes tentes eſt venuë l'enlever à ma barbe.
Tout ce que la pauvrette a pû faire, c'eſt
de ſortir la teſte par la portiere du caroſſe, & de me faire ſigne de loin qu'elle
ne laiſſeroit pas de vous aimer toujours.

DORANTE.

Se feroit-elle moquée de moy.

PASQUIN.

Monſieur j'ay ſcellé voſtre Anglois, le
voila attaché à la porte, ſi vous voulez
ſuivre le caroſſe, il n'eſt pas encore bien
loin.

DORANTE.

Paſquin il faut aller au plus certain. Je

vay trouver Agathe, & conclure avec elle.
La voicy justement.

SCENE XVII.

DORANTE, AGATHE, PASQUIN.

AGATHE *à part.*

JE vais bien me moquer de luy. Ha
vous voila, Monsieur, il faudra donc
que je vous cherche toute la journée.

DORANTE.

Ah pardon, ma charmante, j'ay eu une
affaire indispensable.

AGATHE.

N'est-ce point plutost que vous m'auriez
fait quelque infidelité.

DORANTE.

Que dites-vous la cruelle, injuste, ingrate, j'ateste le Ciel...

AGATHE.

Hé la, la, ne jurez point. Je sçay bien
comme vous m'aimez.

DORANTE.

Mais vous qui parlez, est-ce aimer que
de pouvoir attendre jusqu'à demain.

AGATHE.

Hé bien marions-nous tout à l'heure.

DORANTE.

Dites donc au papa qu'il abrege les for-
malitez ; ces articles, ce contract me
defesperent.

PASQUIN.

La sotte coutume pour les Amans qui
sont bien pressez.

AGATHE.

Nous irons dans un moment trouver
mon pere, & s'il nous fait trop attendre,
nous nous marierons tous deux tous seuls.

LE CHOEUR chante devers le Theatre.

Attendez-moy sous l'Orme,
Vous m'attendrez long-temps.

DORANTE.

Qu'entens-je ?

AGATHE.

C'est la noce d'un nommé Colin. Vous
ne le connoissez pas.

PASQUIN *faisant un saut, va*
joindre la noce.

Une noce ? ma foy je m'en vais danser.

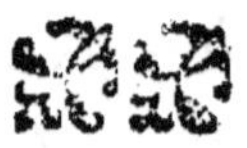

SCENE XVIII.

DORANTE, AGATHE.

DORANTE.

ILs s'avancent, cedons-leur la place.

AGATHE.

O il faut que je sois de cette noce-là.

DORANTE.

Quoy vous pouvez differer un moment.

AGATHE.

Si-tost que la noce sera faite nous nous marierons.

LE CHOEUR chante.

Attendez-moy sous l'Orme,
Vous m'attendrez long-temps.

DORANTE.

Pasquin voicy bien des circonstances.

PASQUIN.

C'est le hazard, Monsieur.

DORANTE.

En tout cas il faut faire bonne contenan-

Dorante se mesle avec les Villageois.

ce, fort bien mes enfans. Vive la Poitevine, Menuet de Poitou. Courage Pasquin.

On chante.

Prenez la fillette
Au premier mouvement,
Car elle est sujette
Au changement :
Souvent la plus tendre
Qu'on fait trop attendre
Se mocque de vous
Au rendez-vous.

PASQUIN *se mocquant de*
Dorante.

Nous sommes trahis, on nous berne
Monsieur.

DORANTE.

Cecy me confond.

LISETTE chante à Dorante.

Vous qui pour heritage
N'avez que vos appas,
L'argent, ny l'équipage
Ne vous manquerons pas ;
Malgré vostre reforme
La veuve y pourvoira,
Attendez-là sous l'Orme,
Peut-estre elle viendra.

AGATHE chante à Dorante.

La fille de Village
Ne donne à l'Officier
Qu'un amour de passage,
C'est le droit du Cnerrier ;
Mais le Contract en forme
C'est le lot du Fermier,
Attendez-moy sous l'Orme
Monsieur l'Avanturier.

COLIN chante.

Un jour noftre goulu de Chat
Tenoit la foury fous la pate,
Mais aleftoit pour ly tro delicate,
Il l'a lâchy pour prendre un rat.

PASQUIN.

Voila de mauvais plaifans. Monfieur voftre cheval eft fcellé.

Dorante veut tirer l'épée.

PIERROT *l'arreftant.*

Tout bellement, où nous ferons fonner le toxin fur vous.

DORANTE.

Je viendray faccager ce Village-cy avec un Regiment que j'achetteray exprés.

LISETTE.

Ce fera des deniers de la veuve.

Dorante s'en va.

Le Village le pourfuit en dançant &
chantant,

Attendez-moy fous l'Orme,
Vous m'attendrez long-temps.

FIN.